l'après~midi

Titre original de l'ouvrage : "La Tarde"
© José M.ª Parramón Vilasaló
© Bordas. Paris. 1987 pour la traduction française
I.S.B.N. 2-04-018036-2
Dépôt légal : septembre 1987
novembre 1988

Imprimé en Espagne par
EMSA, Diputación, 116
08015 Barcelona, en octobre 1988
Dépôt légal : B-35.392-88
Numéro d'Éditeur : 785

Toute représentation ou reproduction, intégrale ou partielle, faite sans le consentement de l'auteur, ou des ses ayants droit ou ayants cause, est illicite (loi du 11 mars 1957, alinéa 1er de l'article 40). Cette représentation ou reproduction, par quelque procédé que ce soit, constituerait une contrefaçon sanctionnée par les articles 425 et suivants, du code pénal. La loi du 11 mars 1957 n'autorise, aux termes des alinéas 2 et 3 de l'article 41, que les copies ou reproductions strictement réservées à l'usage privé du copiste et non destinées à une utilisation collective d'une part et, d'autre part, que les analyses et les courtes citations dans un but d'exemple et d'illustration.

la bibliothèque des tout-petits

Montserrat Viza · Irene Bordoy

l'après-midi

Bordas

Au début de l'après-midi,
nous faisons une promenade.
La maîtresse nous apprend
à observer.

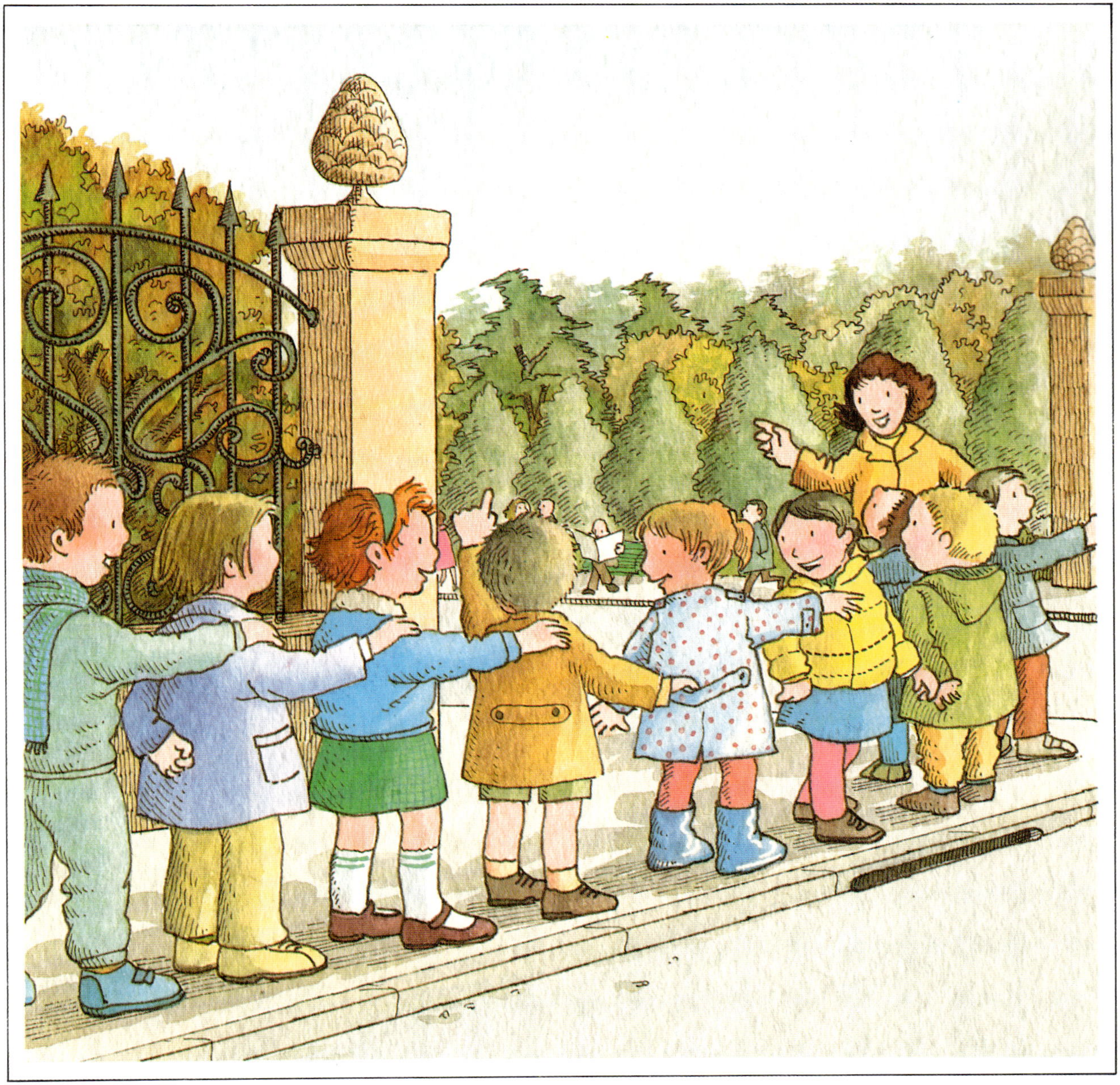

Ensuite, nous faisons des dessins et de la peinture.

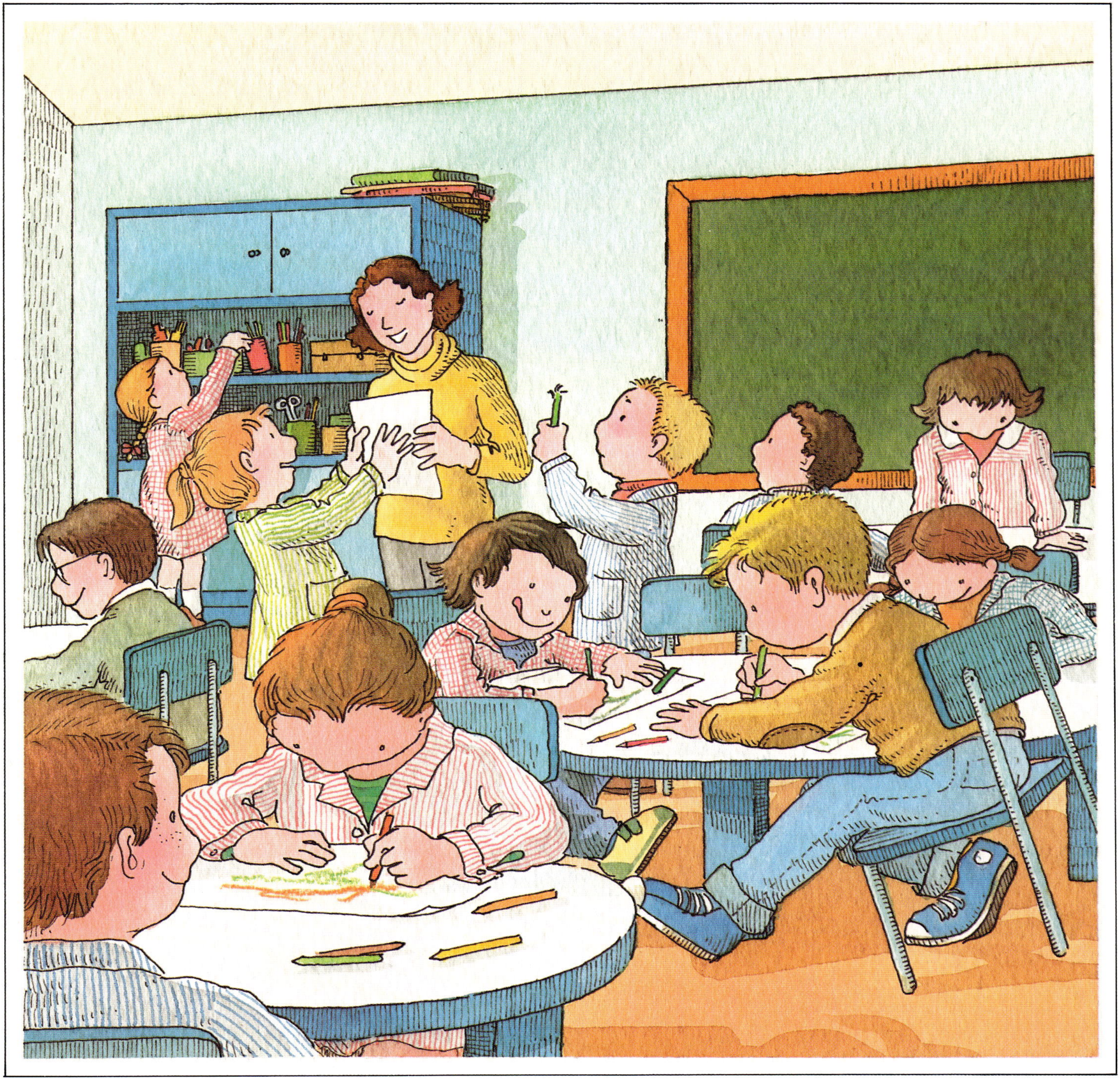

L'école est finie.
Au revoir ! A demain !

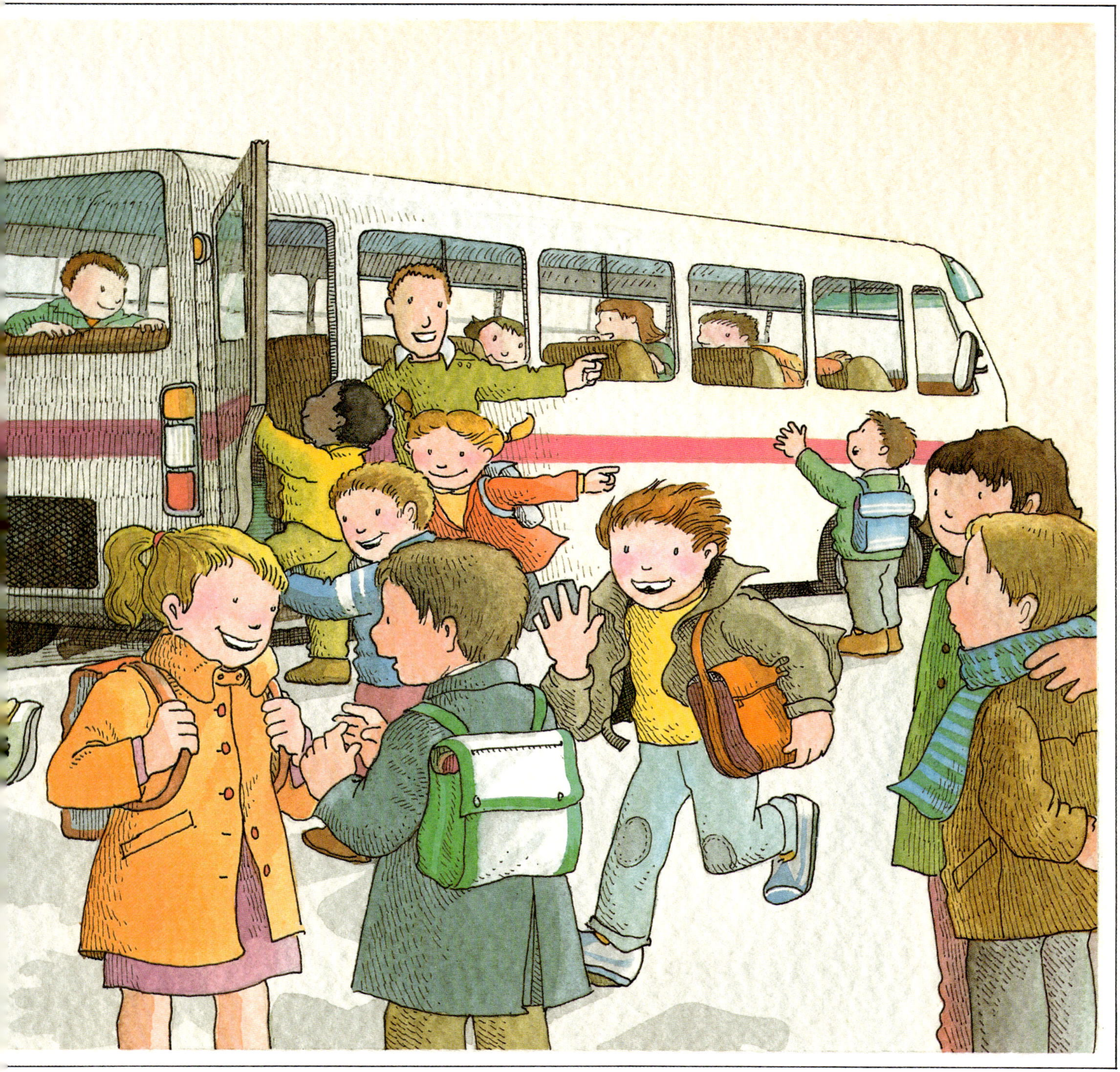

A la campagne,
il est l'heure de faire rentrer
les animaux.

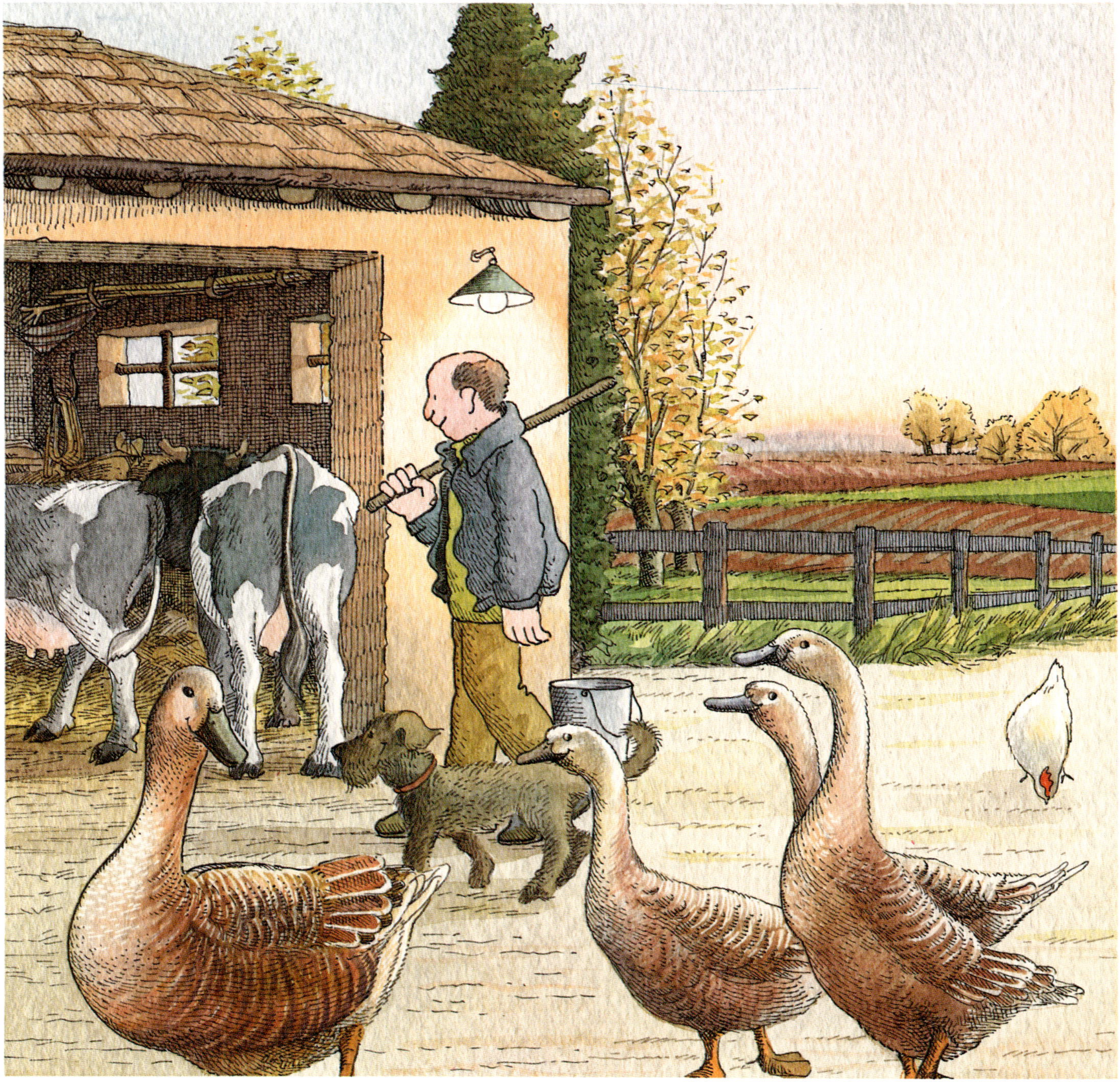

La lumière baisse
et, petit à petit,
les fleurs se referment.

Mais en été, à la même heure,
les champs sont pleins de lumière
et de couleurs.

Avec ou sans lumière,
l'après-midi est longue
et nous avons le temps
de faire tout ce qui nous plaît.

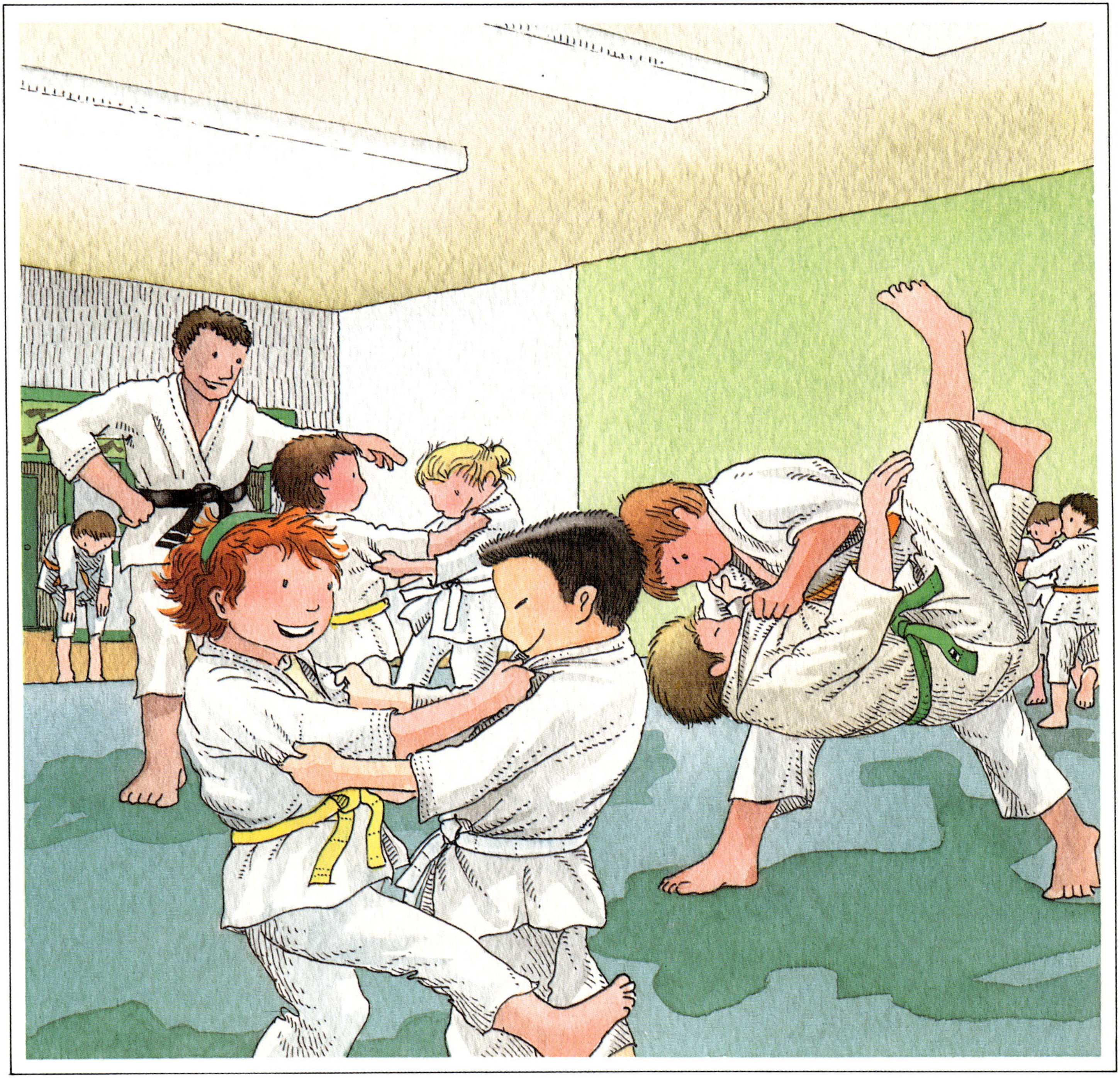

Papa nous attend.
Où nous emmène-t-il ?

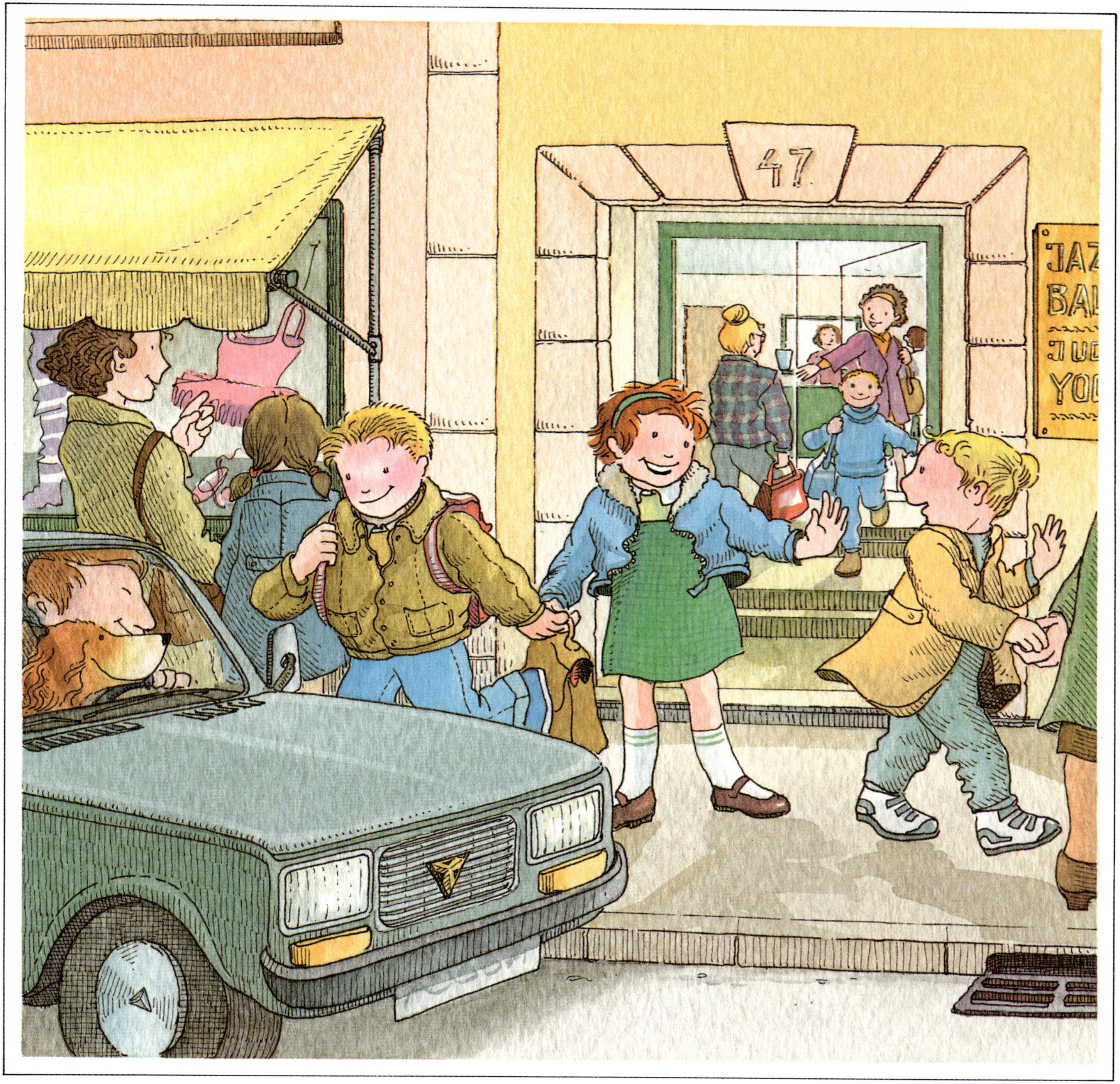
47

Souvent nous oublions
ce dont nous ne voulons pas
nous souvenir.
Nous devions aller chez le dentiste ?
Mais pourquoi ?
Nous n'avons pas mal aux dents !

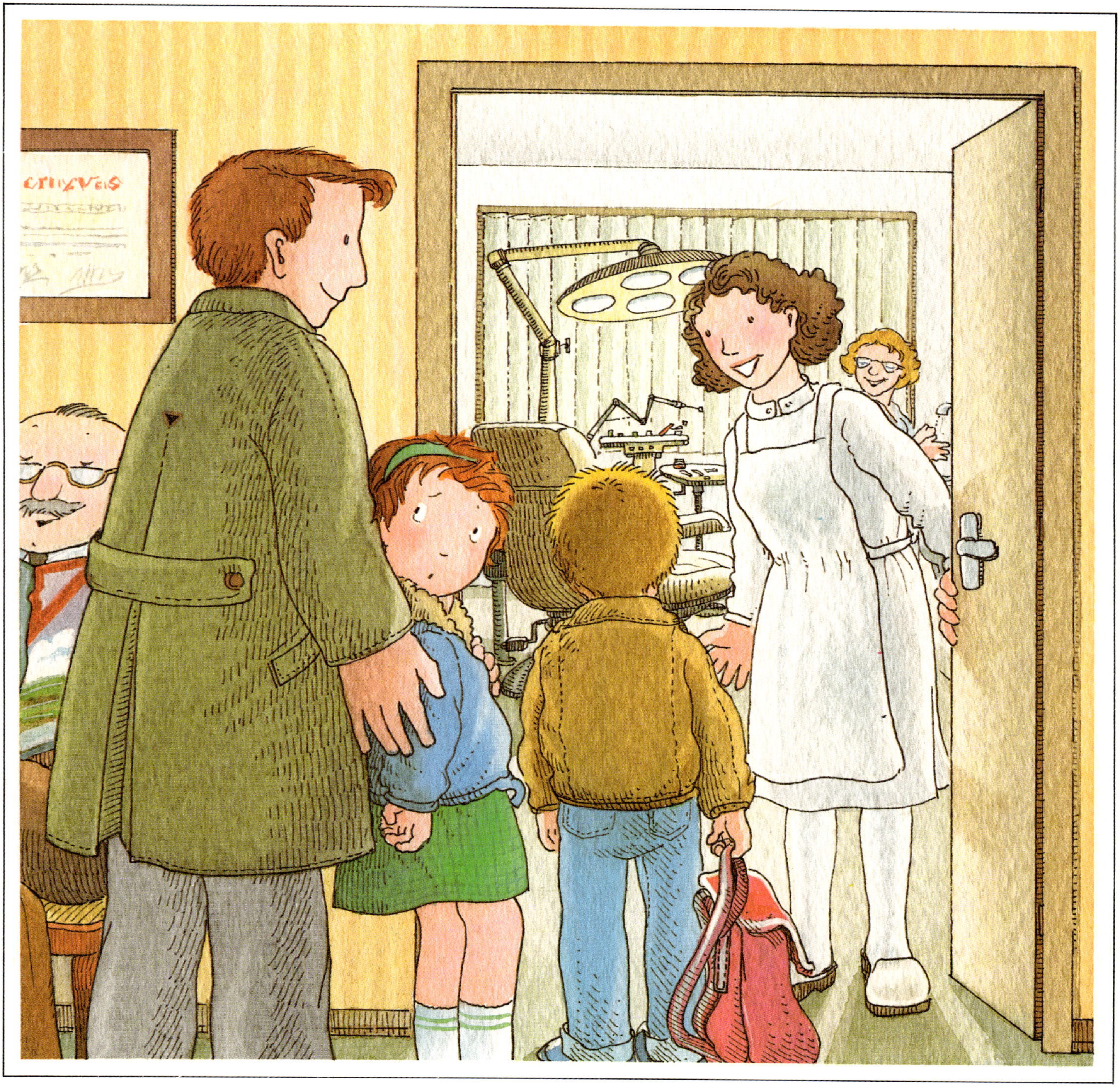

Nous avons encore le temps
d'aller au pressing chercher le linge.
Qu'il est propre et bien repassé !
On dirait qu'il est neuf !

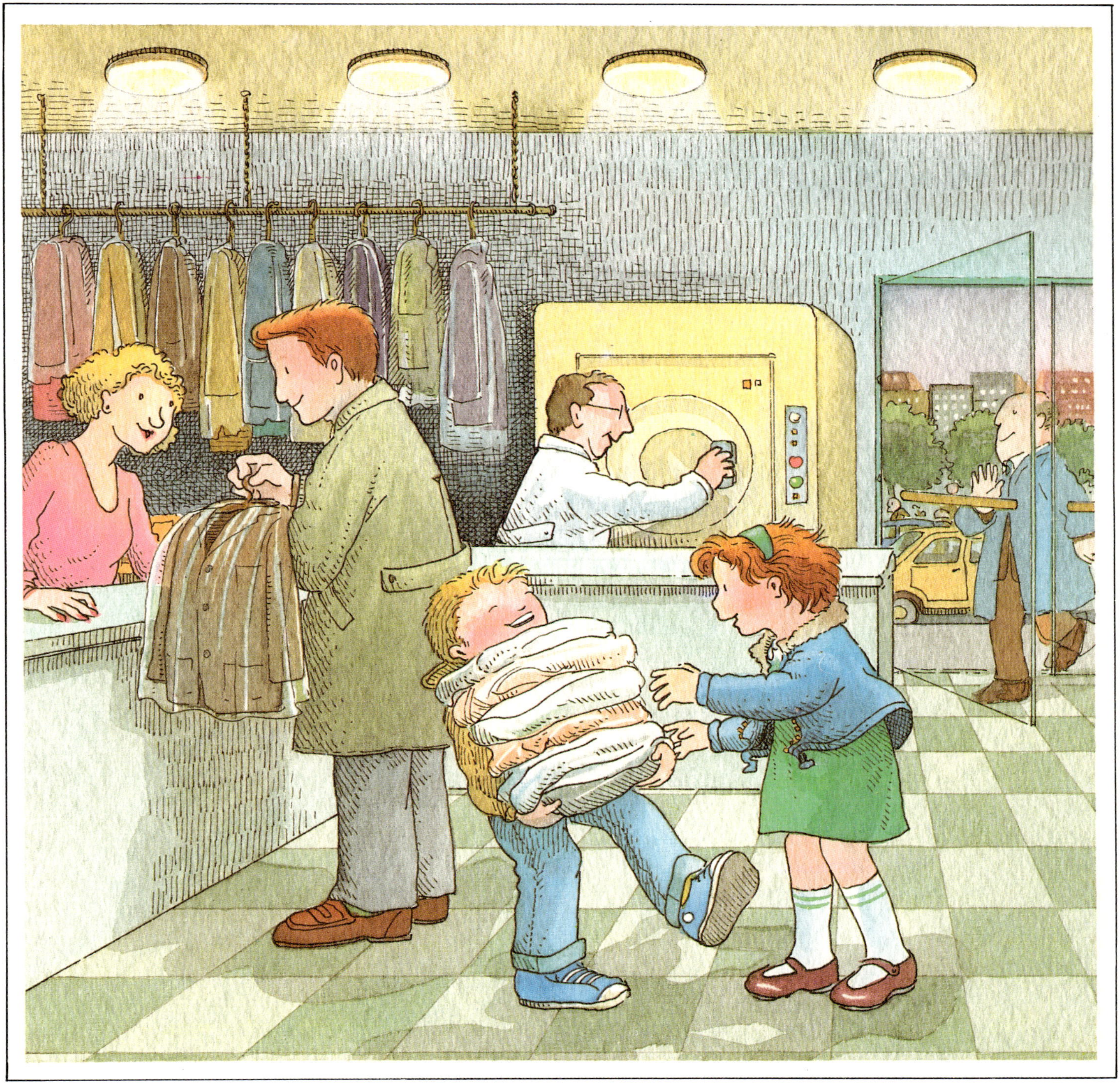

Comme Médor est content
de nous voir rentrer !
Il n'arrête pas de sauter
et d'aboyer.

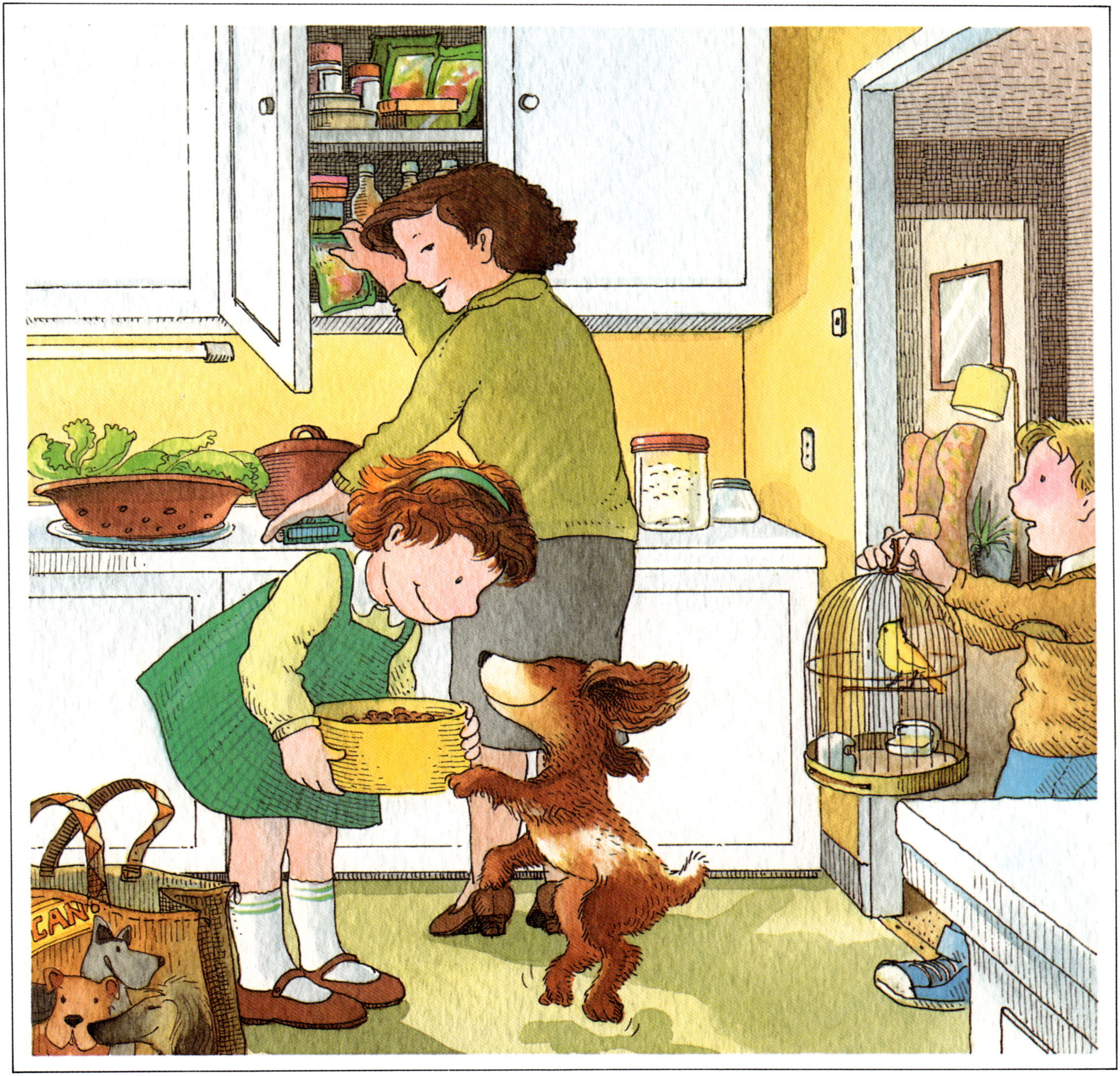

Nos voisins sont venus jouer chez nous
en attendant que leurs parents rentrent du travail.

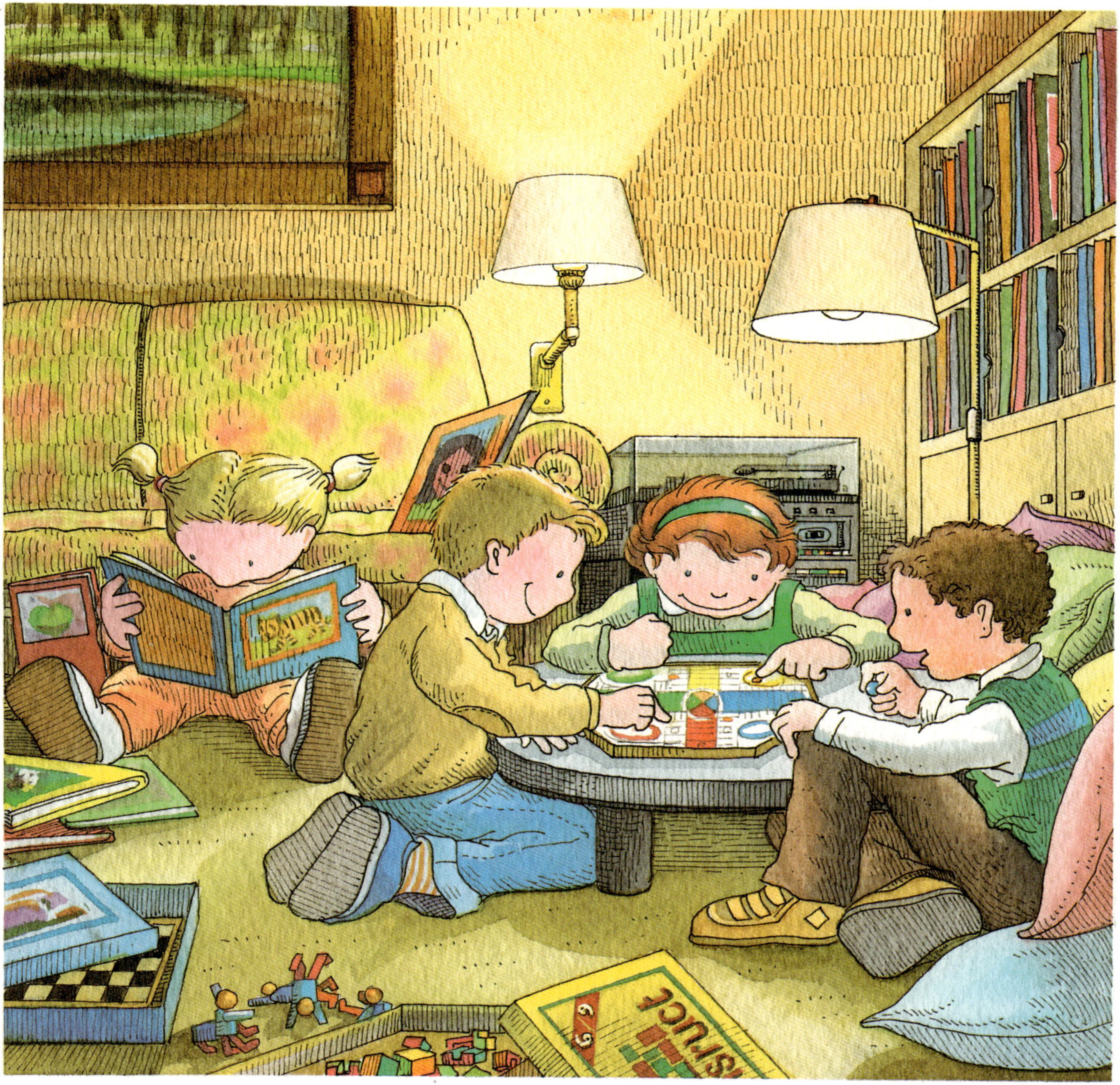

Dans la rue il y a beaucoup d'agitation. C'est l'heure de fermer les magasins,

l'heure de rentrer
à la maison
en bavardant.

Le calme revient.
C'est la fin de l'APRÈS-MIDI.

la bibliothèque des tout-petits

les quatre saisons

le printemps — l'été — l'automne — l'hiver

les cinq sens

la vue — l'ouïe — l'odorat — le goût

le toucher

la bibliothèque des tout-petits

les quatre éléments

la terre — le feu — l'air — l'eau

les quatre âges de la vie

les enfants — les jeunes — les parents — les grands-parents

un jour...

la ville — la montagne — la campagne — la mer

Bordas Jeunesse

BIBLIOTHÈQUE DES TOUT-PETITS

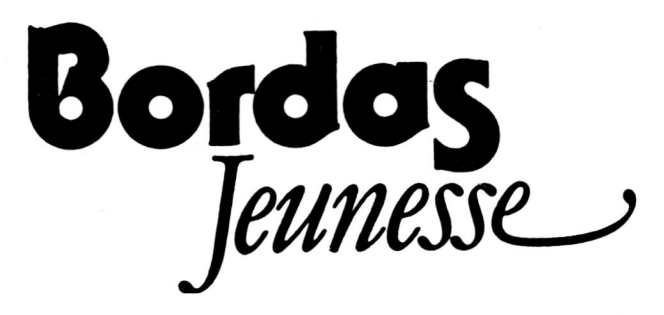

de 3 à 5 ans

Conçue pour les enfants de 3 à 5 ans, la *Bibliothèque des tout-petits* leur permet de maîtriser des notions fondamentales mais un peu abstraites pour eux : la perception sensorielle, les éléments, le rythme des saisons, les milieux de vie...
Ses diverses séries, constituées en général de 4 titres pouvant chacun être lu de manière autonome, en font une miniencyclopédie dont la qualité graphique, la précision et la fraîcheur de l'illustration sollicitent la sensibilité, l'imagination et l'intelligence du tout-petit.

LES QUATRE SAISONS
Le printemps
L'été
L'automne
L'hiver

LES QUATRE ÉLÉMENTS
La terre
L'air
L'eau
Le feu

LES ÂGES DE LA VIE
Les enfants
Les jeunes
Les parents
Les grands-parents

LES CINQ SENS
L'ouïe
Le toucher
Le goût
L'odorat
La vue

LES QUATRE MOMENTS DU JOUR
Le matin
L'après-midi
Le soir
La nuit

JE VOYAGE
En bateau
En train
En avion
En voiture

UN JOUR À...
La mer
La montagne
La campagne
La ville

RACONTE-MOI...
Le petit arbre
Le petit lapin
Le petit oiseau
Le petit poisson

MON UNIVERS
Voilà ma maison
Voilà ma rue
Voilà mon école
Voilà mon jardin

Pour éclater de lire